El increíble, sorprendente violín que se encogía

Historia de Thornton Cline
Ilustraciones de Susan Oliver
Traducción de Mary Escalante

ISBN: 978-1-57424-343-7
SAN 683-8022

Cover by James Creative Group

«Esta mágica historia ha inspirado a los estudiantes de nuestra orquesta a seguir creando juntos un mejor futuro para nuestra comunidad a través de la música».

Andrea Profili, Directora de orquesta, WHIN Music Project. New York City.

«La historia del violín es hermosa y didáctica. Muestra una forma sencilla de superar un problema paso a paso. Abarca la ayuda del hada de los violines, la madre, la maestra y los amigos, para extraer afinadas melodías del violín».

Dinorah Coronado, dominicana, autora de varios libros infantiles premiados. New York City.

«La traductora Mary Escalante nos presenta "El increíble, sorprendente violín que se encogía", un cuento sumamente entretenido que de manera sutil nos ofrece mensajes de importancia, sobresaliendo el de la responsabilidad. Por lo tanto, no es un libro exclusivamente para niños con ambiciones musicales, ésta, es una historia útil para todo niño o niña en vías de desarrollar sus propios intereses o talentos».

Karen Cueva, Cofundadora, Du Bois Orchestra at Harvard University, Cambridge, MA.

«La historia de Austin es la historia de todos los violinistas. Aprender a tocar un instrumento musical en la época de los videojuegos y la Internet, es una gran reto para los niños modernos, acostumbrados al estímulo instantáneo y con periódos de atención cada vez más cortos. Con gran imaginación y fantasía, Mary Escalante nos confirma que la inteligencia emocional de padres y maestros seguirá siendo un ingrediente vital en la enseñanza musical de los pequeños».

Ernesto Villalobos, Violinista, Villalobos Brothers. New York City.

El increíble, sorprendente violín que se encogía

Austin soñaba con tocar el violín desde que tenía dos años de edad. Se imaginaba a sí mismo en el centro del escenario con una multitud muy entusiasmada aplaudiéndole. Austin les suplicaba a sus padres que le dieran un violín. Algunos de sus amigos tocaban divertidas canciones en una clase de violín en la escuela. Austin deseaba unirse a ellos. Finalmente, sus padres le compraron un brillante violín rojo.

Austin estaba tan feliz que sus padres lo inscribieron en la clase de violín.

—Austin, necesitas practicar a diario —le recordaron sus padres. Austin estaba tan emocionado por mostrarles a todos su violín nuevo.

—¡Algún día voy a ser una gran estrella en el violín! —les aseguró a todos.

Su maestra, la señorita Jackson, le dio la bienvenida a la clase.

—Así es como se sujetan el arco y el violín —le indicó. *"Twinkle, twinkle Little Star"* (Estrellita ¿dónde estás?) fue su primera canción. Más tarde, la señorita Jackson le dijo a la clase que podían irse a casa y que practicaran.

Cuando Austin llegó a casa de la escuela, sus padres le recordaron:

—Austin, no olvides practicar.

En lugar de practicar, Austin jugó con su hermanita, jugó videojuegos, vio la televisión e hizo su tarea. Hizo todo menos practicar

En cada clase de violín, la maestra le preguntaba a Austin si había practicado. Él se encogía de hombros y decía: —No tengo tiempo, estoy muy ocupado.

La señorita Jackson le respondía:

—Austin, tienes que dedicarle tiempo al violín si quieres tocar bien.

Austin no le hacía caso a su maestra de violín. Las semanas pasaban y nunca practicaba.

Una noche, después de que sus padres lo habían dejado en la cama, Austin no podía dormir. De repente una luz brillante lo sobresaltó. Una mujer diminuta con alas y una varita mágica se apareció. Llevaba un vestido cubierto de violines dorados. Austin pensó que estaba soñando.

La mujer le dijo: —No tengas miedo, soy el hada de los violines. Se te ha dado un obsequio especial. Tienes talento y un hermoso violín, pero no practicas como deberías.

Enseguida agitó su varita mágica sobre el violín y el estuche de Austin que se encontraban en una esquina de su habitación. Austin la miró boquiabierto.

El hada de los violines le dijo: —He rociado polvos mágicos sobre tu violín. Cada día que no practiques, tu violín se encogerá, y un día se desvanecerá.

La pequeña hada desapareció. Austin se quedó recostado en la cama contemplando el techo por un largo rato hasta que se durmió.

Al día siguiente en la clase de violín, Austin pensó en lo que había dicho el hada de los violines. Se rio, pues pensó que solo había sido un sueño. Había acabado la clase y su violín no había cambiado de tamaño.

Toda esa semana Austin no le hizo caso a nadie. En casa, hizo de todo menos practicar. Cuando Austin volvió a tocar en la clase de la señorita Jackson, algunos de sus compañeros no pararon de reír.

–¡Miren el violín de Austin! –dijo un estudiante–. ¡Se encogió!

Austin mostró su violín a sus compañeros. Lo llamaron *«El increíble, sorprendente violín que se encogía»*. Todos los estudiantes querían verlo. Dijeron que debería estar en *«El Libro de los Récords Mundiales»* como *«El increíble, sorprendente violín que se encogía»*.

Las semanas pasaban y Austin seguía sin practicar. Cada vez que él quería tocar su violín en la clase de la señorita Jackson, lo hacía rechinar, raspar y sonar muy mal. Todos sus compañeros tocaban mucho mejor que él. Su violín se había encogido tanto que era casi imposible tocarlo. Austin quiso dejar de tocar y nunca volver a la clase de la señorita Jackson. Sus compañeros se burlaban de él y la señorita Jackson estaba desencantada de que Austin no tocara mejor.

Austin deseó haber practicado. Deseó haberle hecho caso a sus padres, a la señorita Jackson y al hada de los violines. Austin se sentía avergonzado de haber dejado que su violín se redujera a un tamaño tan diminuto, que ya no podía tocarlo bien.

Poco después, un día, Austin estaba sentado en su habitación. De repente, sin previo aviso, su gato saltó sobre la mesa y el estuche del violín terminó en el piso.

Austin estaba asustado. Pensó que su violín se había roto. Menos mal que estaba bien. Lo recogió y deslizó el arco a través de sus cuerdas.

Al principio no sonó bien. Su diminuto violín era difícil de tocar pero él siguió tocándolo. A medida que Austin practicaba, su violín empezaba a sonar mejor. Era más fácil tocarlo e incluso era divertido practicar.

De pronto, se imaginó en el escenario, alumbrado por brillantes reflectores iluminándolo y una multitud gritando «¡Otra más, otra más!».

Desde entonces Austin practicaba su violín todos los días. —¡Estás tocando mucho mejor, estamos orgullosos de ti! —le decían sus padres.

—¡Estás mejorando! —le decía la señorita Jackson. —¡Eres lo máximo! —le decían sus amigos.

Austin se sentía orgulloso una vez más y mostraba una gran sonrisa. En clase sus amigos le decían: —¡Mira, tu violín se está agrandando!

Todos en la escuela dejaron de hablar sobre su increíble, sorprendente violín que se encogía. Sus compañeros dejaron de reírse de él y de burlarse de su violín diminuto. Austin continuó practicando. A él le encantaba su violín, el cual creció hasta alcanzar su tamaño original.

Austin se volvió tan diestro tocando el violín, que la señorita Jackson le pidió que tocara como solista en el concierto que se aproximaba.

Su sueño de estar en el escenario con reflectores brillantes se convirtió en realidad. Austin aprendió que si practicaba lo suficientemente en serio, algún día podría convertirse en un violinista estrella. Austin practicó su violín a diario. No quería perder su violín rojo y la hermosa música que hacía.

Y este es el final del increíble, sorprendente violín que se encogía, porque nunca más se encogió.

FIN.

Canciones para violín

Una estrella del violín
(A Violin Star)

Thornton Cline

Moderato

I'm go-nna be a vio-lin star. Up on stage in

front of the lights. They will cheer and clap for me.

I will play with all my might. I'm go-nna be a

vio - lin star. Wow them with all my songs.

I'm go-nna be a vio-lin star. Watch me take a bow.

Moderato

Tócala otra vez

(Play it Again)

Play it a - gain. Play it a -

mf

gain. Play it till it is right,

no more wrong notes for me. Play it a -

gain. Play it a - gain.

No scratch - ing, no squeak - ing. Play it till

it sounds good. Play it a - gain.

Play it a - gain.

Cuerda E, cuerda A

(E String, A String)

Thornton Cline

Moderato

E string, A string you make me sing, you sound

so good. E string, A string

you're a - ma - zing, play some more.

E is awe-some, A is so cool, I could play all

day. E string, A string you make me sing,

you sound so good. E string, A string

you're a - ma - zing, play some more.

Puedo tocar mi violín

(I Can Play My Violin)

Thornton Cline

Moderato

I can play my vi - o - lin, when I wake un -

til I sleep. All day long,

All day long. I can play my

vi - o - lin, makes me hap - py as I can be.

Hip hoo - ray, hip hoo -

ray. I can play my vi - o - lin,

when I wake un - til I sleep. All day

long, all day long.

Puedo hacer una reverencia

(I Can Take A Bow)

Thornton Cline

Cheerful

I can take a bow. Watch me take a bow. Peo-ple clap for me,

when I play my vi - o - lin. I can take a bow.

Watch me take a bow. I prac-tice, I play.

I sound bet - ter eve - ry day. I can take a bow.

Watch me take a bow. Eyes on me. Here I go.

One, two, three. I can take a bow. I can take a bow.

Watch me take a bow_____.

Mi maestro de violín

(My Violin Teacher)

Thornton Cline

Tenderly

Mi violín es lo máximo

(My Violin Rocks)

Thornton Cline

Gleefully

My vio - lin rocks! Oh how it

rocks! My vio - lin rocks!

It sounds so awe - some, I have so much

fun I could play it all day.

My vio - lin rocks! Oh how it

2

Mi violín nunca se va a encoger

(My Violin Is Never Gonna Shrink)

Thornton Cline

Brisk

My vio-lin is ne ver gon-na shrink, ne ver go-nna shrink,

f

ne ver gon-na shrink. My vio-lin is ne ver gon-na shrink, I

prac - tice all the time. My vio - lin is

ne-ver gon-na shrink, ne-ver go-nna shrink, ne-ver gon-na shrink.

My vio-lin is ne-ver gon-na shrink, I prac-tice till it's right.

Me encanta mi violín rojo
(I Love My Red Violin)

Thornton Cline

Puedo sostener mi violín

(I Can Hold My Violin Up)

Thornton Cline

Confidently

I can hold my vio - lin up, keep my wrist straight.

I can hold my vio - lin up, look how I play.

I can hold my vio - lin up, hold it so high.

Fine

I can hold my vio - lin up, oh if I try.

Keep my head straight, left foot out.

D.C. al Fine

Keep my pin - ky on my bow.

Biografías

Thornton Cline es autor de varios libros: "Band of Angels" (Banda de Ángeles), "Practice Personalities: What's your type?" (Personalidades al practicar: ¿Cuál es su tipo?), "Practice Personalities For Adults" (Personalidades al practicar para adultos) y el primer libro infantil de Cline, "The Amazing Incredible Shrinking Violín" (El increíble, sorprendente violín que se encogía). Thornton Cline ha sido premiado dos veces consecutivas como "Songwriter of the Year" (Compositor del Año) por la "Tennessee Songwriters Association" (Asociación de Compositores de Tennessee) por su exitoso tema "Love is the Reason" (Amor es la razón) grabado por Engelbert Humperdinck y Gloria Gaynor. Cline ha recibido nominaciones al Premio Dove como escritor de proyecto y nominaciones al Premio Grammy como educador de música y compositor. Es un maestro de violín de Suzuki registrado en la "Suzuki Association of the Americas" (Asociación de Suzuki de las Américas). Cline enseña piano, violín y guitarra en la "Cumberland University" (Universidad de Cumberland), en la "Summer Academy" (Academia Summer), la "Gallatin Creative Arts Center" (Centro de Artes Creativas Gallatin), "Aaron Academy" (Academia Aaron) y la "Hendersonville Christian Academy" (Academia Cristiana Hendersonville). Thornton Cline radica en Hendersonville, Tennessee con su esposa y sus hijos Alex y Mollie.

Susan Oliver es una compositora galardonada, así como también una artista visual e ilustradora. Es originaria de Orono, Maine. Asistió a la "Maine University" (Universidad de Maine) y a la "Portland School of Art" (Escuela de Arte de Portland). Conocida por su amplia variedad de estilos, Susan ha expuesto sus obras de arte y se ha desempeñado como diseñadora gráfica. Su pintura "Moonlight Seals" (Focas Luz de Luna) obtuvo atención a nivel nacional por los esfuerzos en recaudar fondos para "Marine Animal Lifeline" (Salvamento de Animales Marinos) una organización dedicada al rescate y la rehabilitación de las focas. Actualmente Susan radica en las afueras de Nashville, Tennessee en donde continúa escribiendo música y diseñando proyectos de arte para las portadas de álbum de diversos artistas musicales, así como también ilustrando libros infantiles. "The Amazing Incredible Shrinking Violin" (El increíble, sorprendente violín que se encogía) es su primer libro infantil publicado como ilustradora.

Mary Escalante es una traductora, escritora y animadora de lectura nacida en la Cd. de México. Tiene una Maestría en Ciencias de Long Island University. Su gusto por la literatura infantil y la narrativa la conducen a escribir y traducir historias para niños. "Home at Word Up/En casa en Word Up" (2015) es su primer libro infantil bilingüe traducido en colaboración con el colectivo de Word up Librería Comunitaria de la Cd. de Nueva York, donde semanalmente fomenta la lectura entre los niños leyendo cuentos en voz alta. Ha radicado en la Cd. de Nueva York por más de dos décadas y junto a su familia, entre libros, violonchelos, un jembe, un saxofón y un violín disfruta creando historias propias y traduciendo cuentos mágicos como «El increíble, sorprendente violín que se encogía», su segunda traducción de libro infantil.

Créditos

God

Audrey Cline

Alex Cline

Mollie Cline

Ron Middlebrook

Susan Oliver

Mary Escalante

Sarena Pettit

Sumner Academy

Cumberland Arts Academy

Cumberland University

Hendersonville Christian
Academy

Gallatin Creative Arts Center

Jonathan Edwards Classical
Academy

Marcelo Cataldo

More Amazing Books!

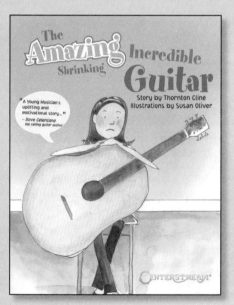

Another Amazing Book!

THE AMAZING MAGICAL MUSICAL PLANTS

Story by Thornton Cline & Crystal Bowman, Illustrations by Susan Oliver

Mr. Jones is having trouble motivating his fifth grade band students to practice. When he discovers a packet of magical musical plant seeds in an old trombone case, he gets an idea. Mr. Jones plants the seeds in pots of soil and gives one to each of his students to take home. He tells the students how to care for the seeds and to play their instruments every day to make the plants grow. Some of his students laugh at his crazy idea, but some of his students take him seriously. The whimsical illustrations by acclaimed illustrator Susan Oliver add to the charm of this delightful story. The book includes a CD of ten easy original songs with recorded examples of each instrument. (Recommended for ages 4-8)

00155787 Book/CD Pack...$19.99

P.O. Box 17878 - Anaheim Hills, CA 92817

(714) 779-9390   www.centerstream-usa.com